Mouzar Benedito
Hallina Beltrão

O Boitatá
e os boitatinhas

— Um fantasma ronda estes campos... — Assim falou Corisco, com sua voz grave e vagarosa.

Corisco já é idoso, dizem que ele é filho de índios, e gosta de contar histórias, para adultos e crianças, do lugar onde ele mora, que se chama Campo Alegre.

Nesse dia, quando encontrou as crianças da região, ele estava sério, muito sério. Percebendo o clima diferente, Olga cochichou para seu irmão, Carlos:

— Xi... Nunca vi seu Corisco com essa cara carrancuda.

Frederico também estava impressionado e perguntou:

— Que fantasma, seu Corisco? Fantasmas não existem!

Sua irmã, Rosa, retrucou em tom de dúvida:

— Não sei, não... Tem gente que acredita em fantasmas...

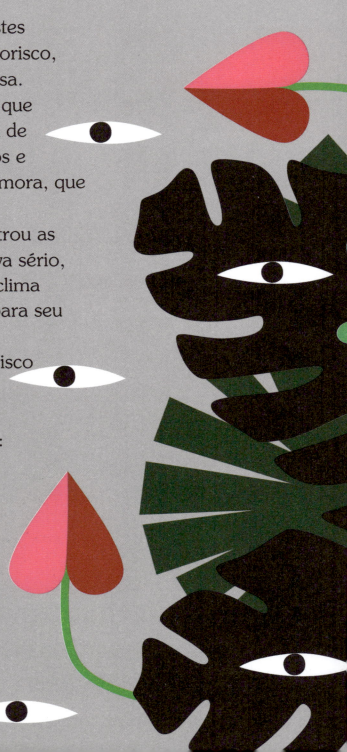

Olga, que pensa e lê muito, deu sua opinião:

— Fantasma pode ser qualquer coisa de que as pessoas têm medo. Já ouvi meu pai falar do fantasma do desemprego...

— Bom, isso é verdade — concordou Frederico. — Mas, afinal, que fantasma é esse de que seu Corisco falou?

Depois de segundos de suspense, Corisco disse:

— O Boitatá.

Ficaram todos pensativos, até que Rosa rompeu o silêncio:

— Foi ele que correu atrás do meu tio?

— Claro que foi! — respondeu Carlos.

— Ora, Carlinhos... — provocou Frederico. — Onde já se viu uma cobra de fogo que corre atrás das pessoas?

— Ô, Fred! — protestou Olga. — Contam que o Boitatá já queimou muita gente aqui, sabia? Gente que acha que pode pôr fogo em tudo.

— O coitado do tio Zé nem quer mais saber de andar no pasto. Tem medo de ser queimado — contou Rosa.

— Bem feito! — murmurou Olga. — Tomara que o Boitatá queime todas essas pessoas que gostam de pôr fogo na vegetação.

— Deixem seu Corisco falar! — interrompeu Carlinhos.

Mas em vez de continuar falando, Corisco chamou as crianças para darem um passeio juntos.
— O senhor disse que o Boitatá está andando por estes campos... — vacilou Rosa. — Ele vai queimar a gente?
— Alguém aqui quer pôr fogo no campo? — perguntou Corisco, sabendo que as crianças jamais fariam isso. — O Boitatá só persegue quem faz maldades...

Mal chegaram ao pasto, Carlinhos saiu correndo atrás de um tatu. Corisco sorriu e falou:

— O garoto não vai alcançar. O tatu é esperto... E logo entra num buraco.

— Olha um lagarto ali! — comentou Rosa, indicando em outra direção.

— Vou pegar! — falou Fred.

— Você pode se dar mal, menino — brincou Corisco. — O lagarto usa o rabo como chicote, e é cada chicotada!

Sem saber se era verdade ou não, Fred achou melhor não arriscar...

O velho Corisco, então, parou e pediu que as crianças observassem as plantas e os bichos que havia ali. Rosa protestou:

— Ah, mas aqui só tem capim e uns matinhos bobos, que nem este carrapicho... Veja, só de andar um pouquinho já estou com a barra do vestido cheia de picão.

— De bicho, só tem tatu, lagarto e passarinho — continuou Fred. — Eu queria era encontrar uns animais grandes, bonitos!

Corisco propôs:

— Vamos continuar o passeio e olhar melhor o que tem aqui.

Nisso, eles viram dona Elenira, a curandeira da cidade. Ela seguia por uma trilha, carregando algumas plantas, acompanhada por Ernesto, seu filho. Todos se cumprimentaram, e Corisco pediu que ela falasse para as crianças que plantas eram aquelas e por que ela as levava para casa.

— Essas espécies servem para ajudar várias pessoas, Corisco. Seu Luiz está com pedra nos rins, os médicos chamam isso de cálculo renal. Então colhi quebra-pedra e picão, para fazer chá.

Antes que ela continuasse, Corisco sorriu e falou para a Rosa:

— O picão de que você reclamou é remédio para pedra nos rins…

— E para outras coisas também — completou dona Elenira. — Bem, e dona Chica anda ruim do estômago, então vou levar carqueja para ela. Também dá para usar assa-peixe, macela… E aproveitei para colher um pouco de urucum.

— Urucum serve para fazer a tinta vermelha que meus pais usavam no corpo… Protege a pele — interrompeu Corisco.

— É verdade — continuou ela. — Mas eu levo para fazer colorau, um tempero que deixa a comida mais bonita e gostosa. Ah, por falar em comida, peguei também umas folhas de ora-pro-nóbis, que fica uma delícia com frango caipira!

carqueja   assa-peixe   ora-pro-nóbis   urucum

Dona Elenira despediu-se e foi para casa, mas Ernesto quis acompanhar o grupo, que saiu falando sobre o que surgia no caminho:

— Olhem, um quero-quero — apontou Carlinhos.

— Tem muito dessa ave por aqui, não é?

Foi só o menino falar isso que outra ave saiu andando de uma moita e rodeou o grupo, agressivamente. Rosa ficou com medo.

— Sim, vamos nos afastar, Rosinha — sugeriu Corisco. — É uma coruja-buraqueira. Ela faz ninho no chão, por isso está brava assim, quer proteger seus filhotes...

Mas Ernesto, curioso, correu até outra moita. Abriu o matinho com cuidado, olhou, virou para o grupo e falou animado:

— Ovos de páscoa! Aqui tem um ninho com ovos de chocolate!

— Não ponham a mão neles, por favor — pediu Corisco. — É um ninho de perdiz...

Todas as crianças se aproximaram para ver, enquanto a ave olhava de longe, querendo proteger seus ovos, mas sabendo que não tinha como enfrentar aquele grupo. Pareciam mesmo pequenos ovos de chocolate, marronzinhos.

— Uma curiosidade... — disse Fred. — O senhor chama isso aqui de campo. Para nós, é pasto.

Corisco explicou:

— Campo é um tipo de bioma. Alguém sabe o que é bioma?

Olga fez pose e sapecou:

— Isso eu sei, aprendi na escola! Bioma é o conjunto de seres vivos de um lugar, e cada bioma é diferente um do outro. E seres vivos são os vegetais, desde plantinhas miúdas até árvores grandonas, e os animais, desde insetos até bichos grandões.

Corisco fez cara de admiração e elogiou:

— Nossa! Que menina estudiosa! Isso mesmo, o campo é o bioma em que estamos, com vegetação rasteira, muitos tipos de capim, muitas ervas, arbustos espalhados, de vez em quando uma árvore... E os campos são usados pela natureza como pastos naturais, não foram criados por nós.

— Seu Corisco, por falar em inseto, uma abelha está me rodeando — assustou-se Carlinhos.

— Não tem problema — respondeu Corisco. — É uma jataí, essa abelha não tem ferrão. Ela faz um mel medicinal muito gostoso. Seu ninho é em madeira oca. E tem umas outras abelhas parecidas, que fazem ninho no chão.

 Continuaram o passeio, observando tudo. Num galho de uma das poucas árvores dali, avistaram uma casinha de joão-de-barro. Também viram uma mamãe gambá junto de seus filhotinhos, e, como já era fim de tarde, sapos e rãs coaxavam num brejo que ficava na parte baixa do pasto, entre duas colinas. Escutaram também o canto das seriemas.
 — Nossa, tem mais bicho aqui do que eu imaginava… — brincou Fred.
 Olga, que estava pensativa, completou:
 — Plantas também. De longe, parece tudo igual. Mas são diferentes. Vejam, colhi uns quinze tipos de folhas.
 Ernesto contou:
 — Muitas são plantas que minha mãe usa para fazer chás e remédios ou para comer. Ela diz que quase todas essas plantas servem para alguma coisa, a gente que não conhece é que não sabe para quê.

— Plantinhas, bichinhos, tão pequenos…
— provocou Corisco. — Não valem nada,
não é?

— Nã-nã-ni-nã-não! — protestou Rosa. —
Valem, sim… São seres vivos, animais e
plantas com o mesmo valor que os bichos
grandões e as árvores grandonas têm.

Corisco continuou provocando:

— Mas tem gente que acha que só
grandes animais merecem ser respeitados.
Abelha, borboleta, pica-pau, joão-de-barro,
quero-quero, seriema, lagarto, tatu… Isso
para eles não importa.

— É como as pessoas que acham que
pobre não vale nada… — refletiu Fred. —
Acham que só rico merece respeito.

— É verdade, Fred. E o mesmo com as
plantas — continuou Corisco. — Acham
que planta que vale é só árvore grande,
bonita… De preferência se for trazida do
estrangeiro e bem cara!

— As plantinhas e os bichinhos daqui
merecem viver como qualquer outra planta
e qualquer outro animal — completou
Carlinhos.

— O Boitatá também acha isso — afirmou Corisco. — Ele é protetor dos campos, de toda forma de vida que há neles. Por isso correu atrás do seu tio, que estava pondo fogo no pasto. E vai queimar quem mais fizer isso.

— Que trabalhão ele vai ter! — brincou Olga. — Por que ele escolheu proteger os matinhos e os bichinhos pequenos?

Corisco explicou:

— Os seres encantados que protegem a natureza fizeram uma divisão do trabalho. O Curupira protege a mata fechada, o Caipora protege os animais da mata, a Iara protege a vida na água doce dos rios e dos lagos.

Respirou fundo e continuou:

— E o Boitatá protege os campos. Seu nome vem da língua tupi. *M'boy*, que a gente pronuncia boi, significa "cobra" em tupi. E *tatá* é "fogo". Boitatá é "cobra de fogo". Mas tem quem diga que vem de *mbae*, que significa "coisa", aí seria "coisa de fogo".

— O Boitatá fica do lado dos pequenos, de quem é mais fraco — refletiu Ernesto. — Tem gente que é assim.

Fred ficou pensativo por um tempo, então questionou:

— Mas, seu Corisco, por que o senhor está falando tudo isso? Por que trouxe a gente para passear no pasto... Quer dizer, no campo?

— É, e por que falou que um fantasma ronda estes campos? — lembrou Rosa.

Corisco contou:

— Porque o Boitatá está bravo. Tem gente querendo queimar tudo isto aqui.

— Quem é esse malvado? — perguntou Olga. — E por que quer queimar tudo?

— É um homem branco e rico, que quer fazer um haras — explicou Corisco. — Quem sabe o que é haras?

Carlinhos sabia:

— É um sítio para criar cavalos de raça, só cavalo caro.

Olga não se conformava:
— Mas para fazer esse tal de haras precisa queimar o campo? Vai matar tudo quanto é bicho aqui, e dona Elenira não vai mais ter como preparar chá para curar as pessoas!
— Ele acha que o campo é feio. Quer uma fazendona com o haras no meio, queimar tudo e plantar no lugar uma grama trazida de fora, que ele acha bonita, para exibir para os compradores de seus cavalos.

— Mas fiquem tranquilos, o Boitatá não vai deixar — disse Rosa, sorridente.

— O Boitatá vai tentar impedir, Rosa — explicou Corisco. — Mas será que sozinho ele vai conseguir? Esses seres encantados precisam da nossa ajuda.

— Como? O que podemos fazer? — perguntaram as crianças.

Corisco não tinha uma fórmula pronta.

— Vamos pensar juntos numa solução. Por enquanto, vocês poderiam conversar com os pais de vocês, não?

— Outra coisa... — questionou Fred. — O senhor falou sobre o que esse sujeito branco e rico quer fazer aqui. Mas quem é ele?

Corisco hesitou:

— De onde eu venho tem uma palavra interessante para falar que uma pessoa é gananciosa e não presta: "fela". Quando se diz que "o fulano é fela", quer dizer que se trata de um sujeito que topa qualquer coisa para embolsar dinheiro. Esse sujeito que está querendo queimar este campo chama-se Roque... Na cidade, ouvi dizer que ele é conhecido como Roque Fela. Acho que ele ganhou esse apelido lá na minha terra.

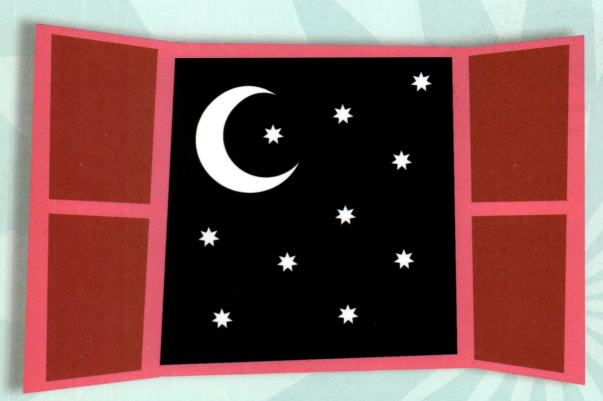

    Quando Rosa e Frederico chegaram em casa, seus pais estavam conversando. Seu Angelim contava para dona Anita que um tal de Roque, da cidade, o estava pressionando para ele vender o sítio.
    Rosa protestou:
    — Não vende, pai! Ele quer comprar para queimar tudo, matar todos os bichinhos, só para vender cavalo e ficar ainda mais rico do que já é.
    Dona Anita concordou com a filha e contou que o mesmo sujeito também estava tentando comprar o sítio da dona Leocádia, irmã dela, mãe de Olga e Carlinhos.
    No dia seguinte, Corisco passou nas casas de todos os moradores de Campo Alegre, chamando-os para uma reunião na escolinha perto dali. Era para decidir sobre o futuro daquele lugar.

Na reunião, a comunidade conseguiu pensar em um plano: transformar aqueles campos em APA, quer dizer, Área de Proteção Ambiental. Assim, aquele bioma não poderia ser destruído. Todas as propriedades de Campo Alegre fariam parte dessa APA.

— Mas como nós vamos viver? Nós temos que plantar comida, criar animais... — questionou um dos moradores.

Corisco explicou:

— Podem continuar vivendo da mesma forma. Dentro de uma APA, é permitido ter agricultura familiar, isto é, plantar e criar animais para o próprio sustento... Só não poderão queimar, destruir ou cultivar monocultura para vender, isto é, aquelas plantações imensas de só um tipo de produto, cheias de agrotóxico.

Enquanto conversavam, seu Geraldo, um dos moradores da região, chegou correndo e bufando. Contou que o tal de Roque Fela queria comprar o sítio dele também e que tinha aparecido com uns homens que ele dizia serem seus sócios.

— Eu estava até pensando em aceitar a proposta dele, era um bom dinheiro — seu Geraldo começou a contar. — Aí quiseram dar uma olhada no sítio. Fui mostrando para eles. Roque falou que ia queimar o pasto, para plantar grama importada. Árvore, ia ser só pinheirinho trazido do Canadá, bem chique. O sujeito reclamou das abelhas, dos bichos… Falou ainda que o bom de queimar o campo é que não sobraria nada disso. Mas então aconteceu algo terrível…

— O quê? — perguntou o povo.
Seu Geraldo respirou fundo e falou:
— Não sei se algum deles jogou um cigarro aceso no chão ou algo assim. Só sei que brotou um fogo esquisito ali, parecia um tição correndo pelo pasto. Não deu tempo de nada. Roque tentou correr, mas pisou num buraco de tatu e caiu no chão. O fogo queimou a bunda dele. Os outros três foram ajudar, mas dois queimaram a bunda também.
— O Boitatá! Viva! — exclamaram as crianças.

— Pois é... Eu tinha falado para eles não queimarem o pasto, porque o Boitatá não gosta. Eles riram da minha cara, me chamaram de caipira... Depois que se queimaram, eu falei que foi o Boitatá...

— E aí? — perguntou seu Angelim.

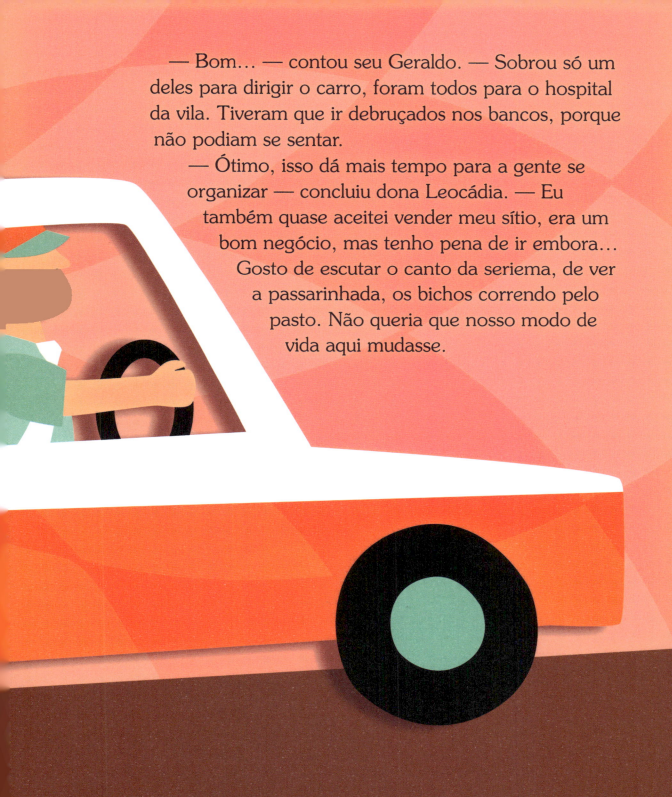

— Bom... — contou seu Geraldo. — Sobrou só um deles para dirigir o carro, foram todos para o hospital da vila. Tiveram que ir debruçados nos bancos, porque não podiam se sentar.

— Ótimo, isso dá mais tempo para a gente se organizar — concluiu dona Leocádia. — Eu também quase aceitei vender meu sítio, era um bom negócio, mas tenho pena de ir embora... Gosto de escutar o canto da seriema, de ver a passarinhada, os bichos correndo pelo pasto. Não queria que nosso modo de vida aqui mudasse.

Enquanto isso, Roque Fela e seus sócios precisaram ficar de molho em casa, com a bunda para cima. Quando voltaram, foram de novo na casa de Fred e Rosa, tentar convencer seu Angelim a vender o sítio. Seu Angelim, muito esperto, disse que até vendia, mas avisou que aqueles campos se tornariam Área de Proteção Ambiental.

— Se isso virar lei, essa roça não me interessa mais! — esbravejou Roque Fela. — De que adianta, se não puder fazer meus negócios, plantar minha cana, vender meus cavalos?

Quando o grupo ia saindo, viu uma fogueirinha com a meninada em volta. Carlinhos corria com um tição nas mãos, gritando:

— É o Boitatá! É o Boitatá!

Roque e sua turma ficaram parados, com cara de poucos amigos. Depois, entraram numa caminhonete gigante, que saiu cantando pneu. As crianças fizeram uma roda, dançaram e cantaram:

Boitatá-tatá-tatá...
Quem põe fogo nos campos
Agora vai se queimar!

Seu queimador sem consciência
Que põe fogo mundo afora,
O Boitatá perdeu a paciência,
É bom já dar o fora.

Ganancioso, se sente um mandão,
Você é só mais um... Só mais um!
Acha que pode tudo, seu bobão...
Boitatá vai queimar o seu bumbum.

Boitatá-tatá-tatá...
Quem põe fogo nos campos
Agora vai se queimar!

Roque Fela e seus sócios não voltaram nunca mais a Campo Alegre. Mas as crianças ficaram com uma dúvida e dali uns dias tiveram uma conversa interessante.

— Sabe de uma coisa? — exclamou o Fred, pensativo. — Acho que o Boitatá é um conhecido nosso.

— Como assim? — indagou Olga.

— Quem é? — completou Carlinhos.

Fred argumentou:

— Cobra de fogo, ou coisa de fogo... Isso é que é o Boitatá, não é? Como um risco de fogo que corre atrás de quem queima os campos.

— E daí? — provocou Rosa.

E ele concluiu:

— O que significa a palavra "corisco"? Procurei no dicionário e achei. Significa raio, faísca elétrica...

— Hum... Entendi aonde você quer chegar! — murmurou Rosa. — E Corisco é pajé, sabe muitas mágicas, tem muitos segredos. Será que consegue se transformar no Boitatá?

A criançada resolveu ir direto à casa do Corisco perguntar. Ele estava sentado num banco na varanda, apreciando o sol que baixava no horizonte. Fez cara alegre quando viu os quatro primos chegando, junto com Ernesto.

— Que surpresa! — disse ele. — Não me digam que vocês têm mais uma boa notícia para me dar.

Carlinhos pigarreou como se fosse um adulto e falou:

— Parece que o Boitatá assustou quem queria acabar com tudo isso aqui, não é?

— Eu acredito que tenha sido ele — respondeu Corisco. — Vocês não acreditam?

— Mas ele não fez isso sozinho... — continuou Olga. — Atrapalhou os incendiários, mas, se não tivesse esse negócio de criar uma Área de Proteção Ambiental, eles podiam voltar aqui com outras propostas para convencer nossos pais.

— Então não foi só o Boitatá. Fomos nós todos, não é? — concluiu Corisco. — De vez em quando o Boitatá precisa da ajuda de uns humanos. Não foi legal?

— Foi, sim... — afirmou Rosa. — Mas a gente está com uma dúvida. Queremos saber uma coisa, seu Corisco: o senhor é o Boitatá? Quer dizer... O senhor se transforma no Boitatá?

Corisco abriu mais ainda o sorriso. Depois, olhou um a um nos olhos, causando um pouco de arrepio em toda a turma. Por fim, falou:

— Vocês são danados mesmo. Turminha esperta. Eu posso ser, sim, um Boitatá… Mas e vocês? Será que cada um não é um boitatazinho? Veja você mesmo, Carlinhos… Ainda é baixinho, mas tem o coração de um gigante. Vejam a Olga, como fica brava feito uma boitatazinha quando vê gente maltratando a natureza. Todos vocês… Rosa, tão doce, com sua voz apaixonada defende os seres mais fracos… Ernesto, menino criado no mato, tão sábio, anda querendo salvar não só os nossos campos, quer sair por aí salvando outros também… E você, Fred, tão parceiro, protetor dos amigos.

— Mas nós não nos transformamos numa cobra de fogo — ponderou Carlos.

— Não mesmo — disse ele. — Nem eu.

— Mas eu gostei de ser chamada de boitatazinha. — disse Rosa, firme — Somos, sim! E vamos continuar boitatando...

Quem encerrou o assunto foi Olga, brincando:

— Boitatazinha, não! Boitatinha... Somos boitatinhas!

Logo depois, naquele terreiro em frente à cabana simples de Corisco, uma roda foi formada pela criançada e por Corisco, que juntos dançavam e cantavam:

Boitatá-tatá-tatá...
Quem põe fogo nos campos
Agora vai se queimar!

© do texto, Mouzar Benedito, 2019
© das ilustrações, Hallina Beltrão, 2019
© desta edição, Boitatá, 2019

1ª edição: outubro de 2019
1ª reimpressão: outubro de 2023
2ª reimpressão: fevereiro de 2024

um selo da BOITEMPO
Jinkings Editores Associados Ltda.
Rua Pereira Leite, 373
05442-000 São Paulo SP
Tel.: (11) 3875-7250 | 3872-7285
contato@editoraboitata.com.br
boitata.com.br

(f) boitata | (@) editoraboitata

Direção editorial
Ivana Jinkings

Edição e preparação de texto
Thaisa Burani

Revisão
Thais Rimkus

Coordenação de produção
Livia Campos

Diagramação e capa
Hallina Beltrão e Antonio Kehl

CIP-BRASIL. CATALOGAÇÃO NA PUBLICAÇÃO
SINDICATO NACIONAL DOS EDITORES DE LIVROS, RJ

B399b
Benedito, Mouzar
O Boitatá e os boitatinhas / Mouzar Benedito ; [ilustrações Hallina Beltrão]. - 1. ed. - São Paulo : Boitatá, 2019.
: il.
ISBN 978-85-7559-739-2

1. Ficção. 2. Literatura infantil brasileira. I. Beltrão, Hallina. II. Título.

19-60384 CDD: 808.899282
CDU: 82-93(81)

Vanessa Mafra Xavier Salgado - Bibliotecária - CRB-7/6644

Publicado em outubro de 2019, este livro foi composto em ITC Souvenir Std, corpo 15/20, e reimpresso em papel Chambril Book 150 g/m² pela gráfica Rettec para a Boitatá, com tiragem de 1.500 exemplares.